Encantamentos de Govenka Morgan

OutrasPalavras

Encantamentos

de

Govenka Morgan

8ª. edição

Magia Amorosa

Fotocomposição e projeto gráfico: Outras Palavras
Capa: Betina Schmid, Estúdio Alemdalenda

Coordenação Editorial:
Heloisa Galves
Regina Maria Azevedo

Tradução e adaptação: Rev. Edmundo Pelizzari Filho

Outras Palavras Produções Editoriais e Comércio Ltda.
Rua Santo Egídio, 709, cj. 141
02461-011 São Paulo SP
Telefax (0--11) 6236-4823
e-mail: outras-palavras@uol.com.br

Apresentação

A Magia Amorosa é tão antiga quanto a humanidade. Podemos dizer que Eva foi a primeira a utilizá-la. A maçã não foi usada como uma simples fruta, mas serviu de veículo de encantamento para o amor de Eva por Adão.

Desde então, esta forma de Magia veio fascinando e incomodando a humanidade. Este livrinho traz uma coleção de receitas sobre como tornar-se mais amoroso, sedutor, confiante. Ele não ensina a escravizar ninguém ou impor sua vontade aos outros. A paixão amorosa pode ser provocada, mas nunca imposta.

A Bruxaria respeita as Leis da Natureza e nos ensina a viver em harmonia com elas. Um amor imposto é um fardo para o amante como para o amado. O segredo está em despertar o amor dentro de você, pois este contagia, e seu perfume embriaga quem estiver por perto...

Leia com atenção e bom proveito!!!

OUTROS TÍTULOS DE SEU INTERESSE:

Faça seu pedido e **receba os exemplares em sua casa sem despesas adicionais**:

Série **TODA MAGIA**
Volume I - **Aradia, o Evangelho das Bruxas**
de Charles G. Leland

Série **PEQUENO LIVRO ALEMDALENDA**
de Regina Maria Azevedo e Heloísa Galves
Volume I - **Amor**
Volume II - **Anjos**
Volume III - **Virtudes**
Volume IV - **Sorte**
Presente de Amigo - Reúne os volumes **Amor, Anjos e Virtudes** em embalagem luxo

Série **ORAÇÕES MÁGICAS**
Volume I - **O Livro das Orações Mágicas**
do Abade Julio Houssay
Volume II - **O Livro das Orações Milagrosas**
de Regina Maria Azevedo

Série **ANJOS E ELEMENTAIS**
Volume I - **Anjos de Deus**
de Anna C. Alves, Marina E. Costa e Regina M. Azevedo
Volume II - **O Livro dos Duendes e Outros Seres Mágicos**
de Heloísa Galves

Sobre a Autora

Antes que Govenka nos procurasse na Alemdalenda, já sentíamos no ar um clima misterioso, como se algo muito importante estivesse por acontecer. No meio da tarde, nossa intuição se confirmou.

Govenka entrou pela loja e, aproximando-se de nós, apresentou-se sem muita cerimônia. Pediu-nos que sentássemos por alguns minutos e, depois de contar um pouco da sua história, perguntou qual a nossa relação com a magia e, mais especificamente, com a bruxaria wiccaniana.

Revelamos então nossa simpatia pela Grande Arte e, logo depois, sempre com uma expressão enigmática no rosto, despediu-se, saindo apressadamente e prometendo mandar notícias em breve.

Durante semanas comentamos sobre aquela estranha mulher e a mágica impressão que nos causou, por sua firmeza e seus conhecimentos. Mas, uma dúvida pairava no ar: por que Govenka nos procurara, encantando-nos com suas histórias e deixando apenas reticências no ar? A reposta nos veio através de um pacote amarrotado que chegou dias depois. Remetente? Govenka Morgan. Procedência? Uma cidade escondida nos confins da Inglaterra!!

O curioso pacote trazia antigos manuscritos com encantamentos amorosos e tradicionais de Wicca, um material mágico impecável. Para nós representava um pequeno tesouro em nossas mãos.

É este tesouro que queremos compartilhar com você, com as bênçãos das bruxas e a permissão de Govenka...Quando optamos por publicá-lo, nos dispusemos a dedicar todo o nosso empenho à obra; e, a ela, toda a nossa admiração. A resposta sucinta nos chegou através de um pequeno bilhete escrito à mão:"Ensinamentos de Amor devem ser dedicados a todos aqueles que buscam este sentimento com fé e determinação. Somente esses terão o privilégio de dormir nos braços da Deusa embalados pelo inaudível canto da Lua Cheia..."

Heloisa Galves e Edmundo Pelizzari Filho

Sobre a Wicca

Quando começamos a organizar o Espaço Cultural Alemdalenda, fomos procurados por inúmeras pessoas interessadas em Wicca.

Alguns buscavam orientação bibliográfica, outros queriam cursos e palestras sobre a Grande Arte; outros ainda buscavam o conhecimento wiccaniano de fonte viva e tradicional. Para estes, recomendávamos paciência, já que a Antiga Bruxaria procura conhecer seus futuros iniciados com intimidade e tempo.

Uma religião ancestral, como a Fé dos Bruxos, cerca-se de uma autêntica bruma quando necessário. Mas o tempo foi passando e a bruma deu lugar ao Sol. Podemos hoje contár com bruxos de várias denominações e famílias em nosso convívio diário.

Govenka Morgan é uma bruxa tradicional britânica e pertence a um Coven (grupo wiccaniano) de linhagem irlandesa. Nascida em Londres, concluiu seus estudos nas áreas de História e Literatura. Recentemente optou pela publicação de alguns de seus de seus trabalhos ligados à Wicca.

Este primeiro volume — *Encantamentos de Govenka Morgan, Magia Amorosa* —,reúne práticas relativas à mais potente e formidável energia de Wicca, *o Amor.*

As recomendações aqui apresentadas abrangem receitas naturais e práticas mágicas cerimoniais. São o tesouro de uma bruxa que se preocupa em dividir sua sabedoria milenar, amealhada ao longo de muitos anos dedicados a essa religião de Amor, Serenidade e Harmonia.

Brindamos ao Amor
Incondicional...

À Água, que tudo permeia,
à Terra, que a tudo dá forma,
ao Ar, que tudo clareia,
ao Fogo, que tudo transforma.

Figuras Mágicas

Uma antiga prática mágica com velas consiste em verter sua cera num copo com água. Pensa-se no futuro ou futura pretendente pingando-se a cera no copo três, sete ou treze vezes. De preferência, use uma vela colorida. A cera vertida formará figuras que deverão ser interpretadas. Permita que as figuras formadas alimentem sua imaginação. É comum aparecerem letras, números e objetos.

Encanto do Anel

Pegue um anel e pendure-o por um fio ou barbante. Isto fará dele uma espécie de pêndulo. Suspenda-o sobre um cálice de vinho. Faça suas perguntas sobre amor e desejo. Se o anel bater nas faces do copo, a resposta é afirmativa. Apreciando esse resultado, beba o vinho e aguarde os acontecimentos...

Magia da Verbena

Se você convidou alguém "interessante" para jantar, coloque algumas folhinhas de verbena num copo de vinho e depois esfregue o lugar onde a pessoa irá sentar-se com a mistura. Este encantamento fará com que ela se sinta alegre e bem disposta. Aproveite, pois a alegria é a chave do coração.

Bonequinhas Mágicas

Com certeza, você já ouviu falar das famosas "bonequinhas mágicas". O que talvez você desconheça é seu uso para a encantação benéfica. A "bonequinha" serve como uma auxiliar magnética. Pode ser confeccionada de pano e recheada com plantas aromáticas. Experimente rosa, verbena e camomila. Use-a como um potente e perfumado talismã do amor e leve-a sempre com você.

IMPORTANTE:
nunca faça uma "bonequinha" representando outra pessoa!!

Encanto Aromático

Antes de sair para um encontro amoroso, escreva com perfume sobre seu peito a palavra "amor". O melhor é usar uma pena de pomba para isso. Mergulhe a ponta da pena no seu perfume preferido e escreva bem devagar, absorvendo a energia amorosa. Guarde a pena e use-a somente com essa finalidade específica.

Caixa de Feitiços

Escolha uma pequena caixa de madeira e nela coloque símbolos dos quatro elementos: concha simbolizando a água, cristal para a terra, uma flor seca para o ar e uma pequena vela para o fogo. Reúna também outros objetos que lhe pareçam ter algum significado: uma chave velha, penas de pássaros, sementes, pedrinhas, alfinetes, etc. Atribua a cada objeto um significado adivinhatório (por exemplo: chave = caminhos abertos; vela = paixão; pena = união). Faça consultas tirando ao acaso um ou mais objetos. Este é um sistema adivinhatório poderoso. Afinal, é o *seu* sistema, com a energia dos *seus* objetos. Pense nisso!

Escrita Simpática

Para mandar mensagens mágicas utilize a chamada "escrita simpática". Ela é feita de sumo de limão (planta consagrada a Vênus, a deusa do amor) e algumas gotas de essência de verbena. Escreva sua carta ou recado com uma caneta qualquer e, no verso, com a sua "tinta encantada". Você vai reparar que ela é invisível, por isso não se preocupe: quando alguém receber sua mensagem, vai ler o recado escrito com tinta normal e "sentir" o recado invisível. É uma boa maneira para falar de coração a coração quando sentimos medo ou temos receio de sermos incompreendidos. Use uma pena de pomba ou caneta vazia para escrever.

Tinta do Amor

Um outro tipo de “tinta do amor” pode ser fabricada adicionando-se essência de rosa ou verbena numa tinta comum. Sua mensagem não será invisível, mas chegará perfumada e imantada por sua paixão. Neste caso, o melhor mesmo é usar caneta tinteiro.

Espelho mágico

O espelho que você usa pode ser magnetizado amorosamente. Numa noite de Lua Cheia, volte-o em sua direção. Escolha um ângulo que permita refletir também a Lua. Esfregue então, sobre ele, um pouco de essência de verbena, rosa ou amor-perfeito. Pronto, seu "espelho mágico" está magnetizado. Afinal, todos os dias você vai se olhar nele e, quanto mais encantamento, melhor...

Magia das Letras

Anote o nome das pessoas significativas da sua vida. Preste atenção nas iniciais e nas vogais dos nomes. Existe uma linha invisível ligando certas consoantes e certas vogais... Por exemplo, num certo período da minha vida, pessoas com nomes iniciados pela letra "A" ou com duas vogais "A" no meio, relacionaram-se amorosamente comigo... Outras, com nomes iniciados por "T", sempre me deram o fora... Observe se algo semelhante já ocorreu com você. Por mais estranho que pareça, anote, pesquise, adivinhe. Tudo é coincidência, nada é coincidência...

Tempo Mágico

O dia do seu aniversário é favorável para o início de encontros amorosos. É claro que você não precisa esperar o ano todo... Por exemplo, se você nasceu num dia 23, escolha o dia 23 de cada mês. O dia 5 (2+3) também é bom. Se o encontro for marcado para um dia que não se encaixa nesta regrinha, use a magia das horas: 5h00 da tarde (da manhã, nem pensar!!), 23h00, 2h30 (da tarde...), 20h30, 20h03, e assim por diante. Aproveite a energia dos números e boa sorte!!

Encontros Amorosos

Uma antiga tradição revela
que certos dias da semana são mais
favoráveis que outros para se
obter sucesso nos encontros amorosos.
Homens ou mulheres interessados
em parceiros mais jovens, devem
escolher a quarta-feira; para
os que se interessam por pessoas de
idade madura ou mais velhas — tanto
homens como mulheres —, o dia mais
recomendado é a quinta-feira.
Algumas tradições evitam marcar
o encontro incial de um relacionamento
com perspectivas amorosas aos
domingos e segundas-feiras...

Desejos Românticos

Escreva num pedaço de papel seus desejos românticos ainda não concretizados usando uma pena de pombo e mel. Dobre-o e guarde-o numa caixinha ou baú. Um mês depois, pegue-o e mostre-o ao Sol. A partir daí, repita a operação diariamente, por três meses seguidos.
Em menos de um ano, seus desejos serão realizados.

IMPORTANTE:
Não coloque o nome de nenhuma pessoa específica no papel (você pode, por exemplo, descrever um passeio romântico, mas não defina quem será seu acompanhante!!)

Meditação do Coração

Esta magia serve para você encontrar um grande amor. Desenhe no chão, com uma mistura de terra, pétalas de rosas e flores de camomila, um grande coração. Entre no centro da figura e medite sobre as qualidades do seu futuro(a) parceiro(a) (não se fixe na imagem de alguém em especial!!). Fantasie, deixe rolar a imaginação. Então repita mentalmente, quantas vezes quiser:

"Com a terra eu te crio, com a rosa te conservo e com o brilho dourado da camomila te espero".

Encanto do Alvorecer

Se você deseja ativar o amor dentro de você, experimente esta prática. Levante-se antes do nascer do Sol, vire-se para ele e, com os olhos fechados, imagine-o como um coração a brilhar. Os raios do coração-Sol chegam até você e o iluminam. Sinta amor por todas as criaturas, por você e por tudo o que existe. Pratique este ritual durante um mês, todos os dias. Depois disso, repita esta meditação todas as sextas-feiras. ***Lembre-se: quanto mais amor damos, mais amor recebemos.***

Proteção Amorosa

Para afastar a negatividade e receber mais amor, cultue a beleza à sua volta. Quando avistar algo ou alguém bonito, agradeça à Mãe-Natureza. Diga às pessoas "como você está bonita!", ofereça flores, presenteie com poesias e bilhetinhos carinhosos, perfume-se sorria para todos... Isto não é faz-de-conta, é magia! O culto ao belo faz parte da arte da sedução.

Amuleto de Fascinação

Um poderoso amuleto de fascinação amorosa foi recolhido da tradição árabe. Pegue um cílio do seu olho direito e pronuncie sobre ele o que você deseja (uma situação, nunca uma pessoa!!). Envolva-o com um lenço virgem (novo e sem uso) e carregue-o no bolso ou bolsa por uma semana. Isso aumentará o seu poder sedutor.

Banho de Vênus

Um banho com as plantas consagradas a Vênus pode ajudar a aumentar o seu poder sedutor. Escolha entre verbena, açucena, cássia ou rosa. Use apenas uma delas ou misture várias. O melhor dia para o banho é sexta-feira.

Pedra da Sedução

A cornalina, pedra consagrada
a Vênus, também pode ser usada
para fortalecer seu poder sedutor.
Guarde-a num saquinho vermelho e
perfume-o com incenso ou essência
de verbena ou rosa. Use este poderoso
talismã sempre que desejar.

Talismã de Boas-Vindas

A ágata proporciona uma boa
acolhida por onde quer que passemos.
Por isso, é sempre bom levar
uma dessas pedrinhas conosco...
As pessoas nos receberão de coração
aberto, o que já é um ótimo começo!

Pérolas Inibidoras

O colar de pérolas é uma jóia magnífica, mas tem o estranho poder de conferir castidade à sua portadora! Evite seu uso em festas, especialmente se você procura companhia...

Poder das Pedras

Outras pedras também podem
ser usadas em encantamentos amorosos.
O berilo conquista a simpatia quando
usado num saquinho que acompanha a
pessoa em qualquer ocasião. O topázio
e a selenita possuem o mesmo efeito.

IMPORTANTE:
evite a safira e o ônix, pois
segundo uma antiga tradição, conferem
a castidade e a solidão.

Encanto da Cebola

Por incrível que pareça, a cebola pode ser usada em encantamentos amorosos. Segundo os antigos egípcios, ela aumenta a força vital e o magnetismo natural do ser humano. Faça um saquinho e coloque uma cebola dentro. Na Lua Cheia, guarde o saquinho mágico embaixo da cama e tire-o de lá somente na próxima Lua Cheia. Está pronta sua "pilha" encantatória.

Árvore dos Amantes

Um coração traçado numa árvore com as iniciais ou os nomes dos amantes dentro dele tem uma finalidade mágica. Serve para proteger um amor recém-nascido ou perpetuar um amor antigo.

IMPORTANTE:
escolha a árvore certa (use a amendoeira, o limoeiro e a macieira, nunca o cipreste, a figueira ou o salgueiro) e não danifique a árvore, fazendo um pequeno coração bem de leve em sua casca.

Magia do Mar

O mar é alvo de inúmeras práticas mágicas amorosas, mas quando se trabalha com ele é preciso levar em conta seu movimento. Nele tudo vai e volta. Portanto, não utilize a beira-mar para encantamentos de amor eterno. Uma prática bastante conhecida é a colocação de bilhetes contendo pedidos aos espíritos do mar dentro de barquinhos de papel. Colocada à beira-mar, a pequena embarcação é levada pelas ondas. Se voltar, o pedido não foi aceito...

Cama de Gato

Se o seu gato tem uma caminha ou almofada predileta para dormir, escreva seu desejo num papelzinho e esconda-o ali. Deixe-o por duas noites e boa sorte! Este encantamento, que tem o gato como Cupido, é muito antigo e eficaz.

Magia do Leite

Escreva o nome de seus "pretendentes" em pequenos pedaços de papel. Esconda cada um deles debaixo de um pires de leite e arrume-os em círculo. Coloque um gato no centro e observe. Qual o pires escolhido? Dê mais atenção ao sorteado, vale a pena...

Encanto Felino

Arrume um pouco de pêlo do seu gato predileto e guarde-o numa bolsinha de seda amarela ou rosa. Leve-a sempre com você em seus encontros amorosos. Este amuleto é um excelente magnetizador.

IMPORTANTE:
não arranque ou corte os pêlos do bichano. Uma escova dá ótimos resultados...

Laço Encantado

Coloque um laço vermelho no
pescoço de seu amigo felino.
Deixe-o ali por seis dias e,
em seguida, amarre a fita na
sua coxa direita. Use o amuleto
sempre que a insegurança
se manifestar em sua busca amorosa.
Ela correrá de você como
um rato assustado...

Encantamento de São Roque

Na noite do dia consagrado a São Roque (16 de agosto), corte alguns pedaços de pão e, com uma faca virgem (nunca usada antes), grave as iniciais das pessoas que lhe interessam. Disponha os pedaços de pão em forma de cruz e solte seu cão. O primeiro pedaço abocanhado simboliza o primeiro a reparar nos seus encantos naturais.

Magia das Pombas

Vá a um parque habitado por pombas. Leve um punhado de alpiste ou milho de pipoca e pense na pessoa amada. Jogue um punhado na direção das aves e conte quantas aceitam sua oferenda. Número par indica dificuldade, mas não impossibilidade; número ímpar é indicativo de facilidades e altas possibilidades amorosas.

PLANTAS MÁGICAS

Para tornar-se mais amável com as pessoas, carregue folhas de melissa com você em seus encontros e passeios. Elas podem ser usadas secas, em pequenos saquinhos de pano, guardados no bolso ou na bolsa. A verbena, usada como perfume ou incenso, é um potente catalisador amoroso. Também pode ser empregada no banho, misturando-se sua essência à água. Um banho com verbena perfuma o coração.

Maçã Mensageira

As maçãs são perfeitas mensageiras.
Elas conduzem nossos desejos
e vontades ao mundo dos espíritos.
Escreva o que desejar num papelzinho
e coloque-o dentro de uma maçã
cortada pela metade. Amarre a maçã
e coloque-a sobre uma árvore ou
próxima de um riacho ou cachoeira.
Seu recado será recebido e
seus pedidos, se estiverem de
acordo com a Leis da Natureza,
serão atendidos.

Amor Perfeito

O amor-perfeito seco, guardado
num livro de poesias, é um
dos talismãs amorosos mais poderosos.
Tenha sempre um à sua cabeceira
e nunca mais se queixe de solidão
ou falta de companhia. E leia o livro de
vez em quando, pois o amor se planta
primeiro na alma, depois na terra!

Incenso Mágico

Um incenso bastante eficaz na magia amorosa é preparado com o coentro. Reduza seus frutos a pó e misture-os com almíscar e açafrão. Defume seus amuletos amorosos com essa mistura.

Plantas Talismânicas

As seguintes plantas prestam-se à confecção de talismãs amorosos. Usadas em forma de ramalhetes, sempre secas, podem ser agrupadas em número de três, cinco, sete ou nove, misturadas ou de uma único tipo. São elas: açucena, cássia, íris, malmequer, miosótis, resedá, rosa, sião e verbena. Todas elas são consagradas a Vênus.

IMPORTANTE:
nunca utilize metal para prender seu ramalhete.

Iniciais Encantatórias I

O dia do seu nascimento pode ser transformado em iniciais de boa sorte. Por exemplo, se você nasceu no dia 17, suas letras "mágicas" são "D" e "O" (de oito = 1+7). Quando marcar um encontro, procure um lugar que tenha essas letras nas iniciais: "Restaurante Dominic", "Parque Olavo", "Rua Dimas", "Livraria Ontário", etc. Vai viajar? Escolha cidades com essas iniciais. Vai casar na igreja? Tente a de São Domingos ou a de Santo Oswaldo... Se isso lhe parecer muito estranho, experimente assim mesmo. Tenho certeza de que a curiosidade mordeu você...

Iniciais Encantatórias II

Suas iniciais de boa sorte podem ser aumentadas se você acrescentar as do seu nome. Se você se chama Andréia Terpin, ligue-se também no "A" e no "T", aplicando as mesmas regras anteriores. Divirta-se... e assombre-se, ao mesmo tempo!

Lenço Imantado

Uma antiga tradição irlandesa recomenda passar por cinco vezes um lenço sobre a cabeça de uma noiva. Sempre que sentir insegurança ou medo numa conquista amorosa, use esse lenço "imantado" no pescoço e tudo correrá bem...

Encanto da Lua Cheia

Numa noite de Lua Cheia encha de água uma bacia e faça a lua refletir nela. Olhe para dentro e observe seu rosto atentamente. Deseje amor intensamente e perceba-o vindo em sua direção. Imagine a Lua fundindo-se com você. Leve a bacia para dentro de casa e guarde um pouco da água num pequeno frasco. Acredite, este frasquinho contém, de agora em diante, o seu "perfume mágico". Use-o sempre que necessário e não se preocupe com o seu aroma *do outro mundo...*

Varinha de Condão

A colher de pau da cozinha
pode se transformar num potente
instrumento mágico. Escolha
uma colher nova e passe-a pelo fogo
nove vezes. Mergulhe-a em água
fria sete vezes, sopre sobre ela
cinco vezes e, por último, derrame
três pitadas de sal sobre ela.
Use-a normalmente na cozinha.
Quanto mais a usar, mais poder ela
terá. Impregne seus alimentos
com amor e não pense duas vezes em
usá-la como "varinha de condão"...

Talismã das Rosas

Numa sexta-feira compre uma rosa vermelha. Coloque-a num vaso, mas reserve três pétalas e deixe-as secar. Guarde as pétalas secas num envelope e esconda-as debaixo do seu travesseiro por sete dias. Utilize-as como talismã por três vezes, cada pétala equivalendo a um desejo. Pense bem nos seus pedidos e boa sorte!

IMPORTANTE:
esta receita mágica deve ser feita ***apenas uma vez***!

Ligas Sedutoras

As ligas usadas sobre as coxas femininas são um antigo talismã para a bruxaria tradicional (Wicca). Elas podem ser confeccionadas com cristais de sua preferência (evite o ônix) e pedaços de cobre. Prenda-os num arranjo, envolvidos por um pedaço de pano e perfume-os com verbena ou rosa. Use a liga sempre na coxa esquerda.

IMPORTANTE:
este talismã é um dos mais antigos e simbólicos instrumentos das bruxas tradicionais.

Incenso Magnetizador

Se você sente medo ou mesmo algum tipo de receio em relação a um relacionamento muito "quente" ou apaixonado, acenda um incenso ou use um perfume com essência de angélica, camélia ou lavanda. O incenso magnetizará o ambiente do seu próximo encontro (se for na sua casa) e o perfume permanecerá no seu corpo, permitindo que tudo aconteça a seu tempo...

Espinho de rosa

Retire o espinho de uma rosa e coloque-o dentro do vidro do seu perfume favorito. Esta simples e inusitada operação servirá para sua proteção afetiva. Não é novidade que o ciúme e a inveja alheia, algumas vezes, atrapalham seu relacionamento. Proteger seus interesses de energias intrusas está de pleno acordo com as leis da natureza.

Catalisador Amoroso

Numa sexta-feira, ao anoitecer, compre cinco rosas vermelhas. Amarre-as com uma fita verde e coloque-as para secar (penduradas pelos galhos, com as flores para baixo) no seu quarto de dormir. Quando estiverem secas, defume-as com incenso de verbena. Guarde o buquê sempre com você. Ele é um excelente catalisador amoroso, ideal para novos relacionamentos.

Círculo de Pétalas

Para ficar disponível para um amor novo e inesperado, faça um círculo com pétalas de várias flores no chão e sente-se dentro dele. Pense no(a) companheiro(a) que desejar, relacionando com detalhes suas qualidades e jeitos. Não se fixe em alguém especificamente, deixe a imaginação voar. Recolha as pétalas e misture-as à água do seu banho. Depois, é só aguardar os resultados...

Objeto de Poder

Coloque debaixo do travesseiro um raminho ou pedacinhos secos de verbena. Deixe-os ali por uma semana. Coloque um caderninho perto da cama, onde possa anotar seus sonhos mais significativos assim que acordar. Observe se nos sonhos aparece algum objeto que lhe chame a atenção. Se existir algum, procure obtê-lo; para você, ele se tornará um objeto de poder mágico amoroso. Aproveite as sugestões de seu inconsciente, ele sabe bem mais sobre magia do que pode imaginar a sua consciência...

Escritos Amorosos

Os escritos amorosos possuem um encantamento latente. Um livro de poesias carrega uma aura especial e romanticamente duradoura. Aproveite esta magia. Vá à caça de livrarias especializadas em volumes antigos e/ou usados. Escolha um de seu agrado e eleja uma hora ou dia fixo para sua leitura. Leia atenta e pausadamente, entoando as palavras, se desejar. Você estará criando uma atmosfera amorosamente mágica, capaz de contagiar as pessoas ao seu redor. O amor é magia, magia transcendente.

Poemas Mágicos

Seu livro de poemas magicamente "carregado" pode ser usado de outra maneira. Experimente presentear alguém de quem você goste especialmente com ele. A atmosfera amorosa do livro envolverá a pessoa, que passará a sentir suas doces e estranhas vibrações.

Encantamento da Chave

Procure uma chave velha e amarre nela uma fita vermelha. Use-a no pescoço por três dias e depois guarde-a no seu porta-jóias. Quando necessitar de uma "chave" para uma situação amorosa difícil, pendure-a no pescoço e medite. As portas se abrirão magicamente...

Invocação Amorosa

Esta é uma receita muito antiga (e também muito conhecida) dos povos do deserto. Escreva com tinta lavável (hidrocor) uma invocação ou poema amoroso. Você pode escolher versos de um autor conhecido ou escrever aquilo que fale bem direto ao seu coração. Em seguida, lave o papel numa bacia. A água que se desprender (misturada à tinta) será usada como um perfume. Você pode aplicá-la sempre que necessitar de um reforço ou de segurança amorosa.